Die LYRIKEDITION 2000
begründet von Heinz Ludwig Arnold

Das Buch

In der Natur lagern wir, aus der Natur heraus starten wir, um dann doch wieder hier zu landen: »Landen« ist ein Band voll außergewöhnlicher Entdeckungen. Swantje Lichtenstein ist eine scharfe Beobachterin und verfügt über ein geschliffenes Sprachverständnis. Sie versteht es, menschliche Gemütsverfassungen als Aggregatzustände zu beschreiben und die Verbindungslinien von Natur und Kultur sichtbar zu machen. Ein bemerkenswerter Wortschatz trifft hier auf archaische Musikalität: »Regelmäßige Pflanzenzungen vor diesen Wegen,/ Stapelflächen, schichtgrüne Areale im ungehemmten Vergessen.«

Die Autorin

Swantje Lichtenstein wurde 1970 in Tübingen geboren, studierte Germanistik, Philosophie und Soziologie und wurde an der Universität zu Köln mit einer Arbeit über neuere Lyrik promoviert. Sie arbeitete als Lektorin, Radio-Produzentin und seit 2007 als Professorin für Literatur an der FH Düsseldorf. Sie erhielt Preise, Auszeichnungen und Stipendien: 2007 von der Kunststiftung Baden-Württemberg, zuletzt ein Aufenthaltsstipendium des Bertolt-Brecht-Hauses, Svendborg/Dänemark. Bisher erschien, neben Veröffentlichungen in Zeitschriften und Anthologien wie »lauter niemand«, »poet[mag]«, »47 und 11«, »Versnetze«, »Lyrik von Jetzt« der Gedichtband »figurenflecken oder: blinde verschickung« (2006).

Swantje Lichtenstein

Landen

Gedichte

LYRIK
EDITION
2000

Weitere Informationen über den Verlag und sein Programm unter:
www.lyrikedition-2000.de

Gefördert von Books on Demand, Norderstedt

© 2009 LYRIKEDITION 2000 in der Buch&media GmbH
Umschlaggestaltung: Buch&media GmbH, München
Herstellung: Books on Demand GmbH, Norderstedt
Printed in Germany
ISBN: 978-3-86906-077-4

I

DAS BUCH HAT RECHT,
in deutschen Weinbergen hingen Leitern,
an den Spitzen auf dem Fels
sprießt Grün unter dem Grund
schlängelt sich Leben um das Eckige.
Steil hinauf zu den Ruinen
kämpft sich mein Gesicht,
sammelt Punkte und Striemen,
Glanz und Strahlen suchen sich
ihre Plätze selbst aus
und mehr und mehr Häuser
wachsen entlang der Ströme.

BRÜTEN
das Bohnern der schwarzen Erde
verbrannt und blaurote Wolken
schweben über den Köpfen,
verflocken sich sanft
in den Raum bunter Tüten,
sie beulen sich kreisrund
an leuchtenden Bäumen,
zäunen den Weg zur Festung.
Der schreiende Junge dreht die Zahlen,
am Mast bläht die Fahne ans Gleis
tischflach mit dem siebten Teil
(keinen Teil, das Ganze!).
Schwere Kappen nähren die Erde,
es bricht der Boden aufs Neue.
Er läuft mit dem Schwein
neben einem Stock,
spricht mit den Toten,
seine Hände wärmen
sich überm Feuer,
sie wirft kleine Steine
mit dem Arm, der sein Leben lebt
und die Fliegen auf der Butter
surren eines.

MULCH
spitz ins Blau gestochen,
das Schwarz hineingeschlagen
in den Himmel,
da stimmen die Raben
in den Bäumen und
spannen die Drähte
zum Leben der Berge,
sie kosen die Schlichen
der Zahlen und Perlen,
in den Graben wechseln sie,
niemand sagt *Ländchen*
zum Darüberliegenden.
Das Häuten der Zornigen,
ein Mischmasch ins Weich
aus dem Eis geklopft,
mit dem Pflug darüber,
als Schneeschläger
zupfen sie ein Lied.

AUF BRUCHHÖHE
stechen Rübenfahrzeuge ins Feld,
rechts ein Häuschen
am Rand der Städte
verlaufen dünne Straßen
durch Mühen *(das Muttermühen)*,
hieraus entreißen sie
der Tag-und-Nacht-Fläche
ein goldlockiges Grinsen,
es atmet kalte Waldluft aus,
an seinen Händen wächst
wuchernd das Moos,
und von der Stirn her blickt er
in die Runde *(oder sonnenhoch?)*.
Die Saiten sind still
und die Hebung steigt
gleichmäßig da hinauf,
baumlos und Schnee
auf dem grünen Hügel
liegt der Abend.

AM GLANZ ZERRIEBEN
dampft die Wolkenfabrik
aus den Schornsteinen
bläst der Lüster
lupenrein und unbesiegbar,
im Element, in Vierwertigkeit
von Kohle und Stoff
bleibt Adamas kampflos kleben
und scheinheilig wischt er darüber,
im Inneren fließend
malach am Hals Gold,
Spuren von Berührungen
in Moll und im Mangel
sitzen sie auf vielen Wassern,
auf ihren armen Füßen.

SCHWARZ DURCHS TAL zieht Nebel auf
ein helles Rauschen legt sich darüber,
Elstern und Eichhörnchen horchen in den Bäumen,
sie trinken am See und laufen über die Stöcke,
über gekachelte Wände an steinernen Böden.
Fremde Räume am offenen Ohr,
an den Seiten schließt sich ein Kreis.
Die Schläuche hängen aus den Fenstern,
von Hälsen hinab, an Kabeln entlang.

DIE HANDFLÄCHEN sind
zu führen zur linken Brust,
der Nabel zur Welt
von Form und Widerwillen
lebt es sich gut und alles verfliegt
am Schluss, am Kamm
auf berstenden Mützen.
Eine alte Frau zersingt den Prozess,
zur Hilfe der Koordinaten
winterlicher Landschaften
verwischen die Tage ihre Abdrücke,
durch den Geist der Wissenschaften.

KÄSTCHEN AN KÄSTCHEN von der Tauperle spricht
man dem Blatt der Kastanie zu, zieht den Regenguss
zum Himmel, erbat neben Wärme, Nass und Sand.
Man mahnt die Gefilde zu treiben und zu wenden
das Lied, das lange Erzwingen nicht, das Ertragen
der Läufe. Regelmäßige Pflanzenzungen vor diesen Wegen,
Stapelflächen, schichtgrüne Areale im ungehemmten Vergessen.

IN DER HÜTTE hüpfen knietiefe, braune Türen,
es fallen die Nüsse von der Decke aufs Gefährt
unbrauchbar, in den hohlen Hallen lagern Würste
aus Papier und Tragen voll mit Wirklichkeiten.
Es vergaß der Bruder den Zylinder auf dem Weg
zur Strafe durchlöcherte er sich den Oberarm,
unter den Achseln nahm er Maß und kam
nicht zurück, und kam nicht an und lief
ohne Akkordeon und blieb über dem Zaun
in der Luft hängen, im Sprung.

IM AUSSENRAUM SITZEN
die Blätter am Leib,
sie zählen die Karikaturen
und Stiche differenter Realitäten.
Es sitzen an Kopflinien die Fußnotizen,
sie rufen mit Stirnbildern
den Schwarzbart auf,
der räuspert zum Schluss
einen Schluck Glück.

KRITISCHE WÄNDE (I)
wählen das Umgebende aus,
greifen in den Ausschnitt
durch das Vorhandene,
nehmen Arrangiertes auf
und setzen es in Beziehung,
ohne eine äußerliche Veränderung
vorzunehmen, nur durch die Veränderung
der Perspektive darauf den Blick zu lenken,
bewusst zu manipulieren
auf den Fleck hin,
der sich neu gestaltet.

KRITISCHE WÄNDE (II)

Zwei Fenster umrahmt das Grau,
die Wände werden zu Worten und
ausgeschnittene Teile Flächen,
abstrakte Verwischungen und utopische
Bindungen gehen die Farbverläufe ein.
Nicht messbare die Wege, zueinander
können sie nicht, nur in Umwegen immer
wieder weg voneinander, sich anziehend
und abstoßend die Bahnen verfolgen.
Sie schieben sich ineinander, über-
lagern die Töne, von Farben und Geräusch,
knacksend das rauhe Faserwerk, der Zement,
herausgeschlagene Brocken, kittende
Verbindungen von Stein, Holz und Schrift,
der Krater ragt nach unten oder über sich hinaus,
durch den Beton scheint das Licht, nadelig
reichen die Köpfe hinab, die Schwellen
suchen sie, die Pforten, die toten Phänomene,
die gefundene Bilder, setzen, zusammen-
gesetzt und arrangiert, das Wirken.

GESPRÄCH ZWISCHEN EINER TÜR UND DEM RAUM
Die umgebenden Wände, weiß kacheln sie den Ton
unter den windfrohen Winkeln, auf Zuruf im Austausch
den Durchzug am Dielenbrett entlang geschlichen,
fußgleich krallen sie sich in den kalten Boden,
korrespondieren mit den Tapeten und der Lampe
im Raum über die Bahn, über die Fenster weit hinaus.
An der Anlegestelle sitzen die indifferenten Konsonanten,
den Zahllaut unter Verschluss, sacken sie die Stimme ein,
unverbraucht überdauern sie das Schweigen, den Kehllaut.

II

UNTERGEHAKT durch die Gänge hinter dem Park
langen die Hände der Schwestern am Ende
der Städte, am Hang zum Leben.
Jenseits der bebilderten Gefühle wissen sie
nicht mehr, was es war, was es jetzt ist.
Ohne die physische Nähe des Gedankens zu spüren
gelangen sie in den Besitz der Verachtung.

Mit der Liebe zu den Nelken,
an den Quellen des Grüns
sammeln sie die Beeren und sinken
an den Rand des Feuers von gestern und morgen.
Der Geruch der toten Fliegen klebt im Raum,
die weiße Decke wölbt sich steinern herab.
Am Baum glänzen bunte Tropfen
in der untergehenden Sonne am dreifarbigen Stein,
strähnen die Rinde und halten sie feucht,
kleben an jeder Berührung und laufen herab.
Der Baum hechelt unter den Schichten,
spendet Licht, Liebe und Nelken. Am Bett.

ELFISCH BELLT SIE AM TISCH,
unter den Decken,
ums Verrecken den Hals hoch,
das Bein ab, den Mund auf.
Münz es auf die Mütze,
nützt es niemals mehr aus,
den Haushalt gibt sie auf,
legt es darauf an und schlägt
den Weichball der gefühlten
siebenunddreißig Grad darin,
brich das Brot, unter den Tisch
brich nicht, da stehen die Füße
solange sie heißt Adrienne,
mit den Kohlraben-Augen pickt sie es
dem Franzosen von den blauroten Lippen,
gerade noch, von der Schippe gesprungen
mit dem alter Ego gerungen
und leidlich das Leibchen vorgehalten.
Es fielen Birnen, es regnete Rüben,
es täuschten sich die Gabeln
und löffelten alles selbst aus,
ihr war es zuwider, oder nicht?

BLAUBLICK
Am Ohr die Ordnung
ein Apfel mit leerer Tasse
und ein Blumenturban.
Es fliegt das Türkis
Richtung Windhund,
die Krankheit der Frauen,
ihr schelmischer Seitblick,
vor der weißen Hand er-
öffnet sie, ist auf der Hut,
der Kragen gibt frei
den dunklen Kopf,
der Stock zum Schlagen
bereit, der Stift dick
ergießt sich am Arm
der Kranken, weiches Mus,
der Blick nach Westen
vor Rot und Blau,
flaumige Pfirsiche
und die geschöpfte
Hautlosigkeit einer Zitrone.

GESCHENKTE
dänische Gedichte in
englischer Broschur,
auf den osmanischen Berg
mit dem Schiff wieder hinab,
geweidet wurden die Wände
und Sprachen wurden Huren,
die Freier standen im Türrahmen
und schützten sich vor Erdbeben.

AUF DEM BUSEN SITZT DER ALB
mit den Händen in einem Lappen,
den braunen Füßchen im Gesicht
unter den Treppen im Holzblut,
Kerbengold regnet es in den blauen Himmel,
kausaler Kettenhemden zuliebe wische
ich ihm über die Schulter und werfe mit
Geldstücken hinter mich, in den Brunnen
der Nächte, der neuen Jahre und vergangenen
Träume, der gelben, lautlosen Patrouillen:
Ein Mädchenhändler hält Truppenwache.

GESCHEITELT

Den Scheitel trägt sie bedeckt,
die Schläfen, die Schläge, die sommerlichen Schuhe,
in die Ohren der Tochter, in die Ohren der Tochter
singt sie ein Lied: *Mameloschn, Mameloschn,*
Kommt und seht, kommt Schwestern,
kommt sprecht die Weibersprache,
sprecht und hört diese Sprache
und gebt sie weiter als erstes Lied,
die eine Sprache, die einzige Sprache,
euren Töchter die einstigen Taten zu besingen.

LÄNGEN
Fluide Flechten, Texturen,
Zeichensysteme, Leerplätze,
die locken an den Ohren:
Poet, Peot, Peies,
die Spinne webt am Tuch
das Netz der Nadelarbeiter,
die spinnen morgens, bis sie
den Faden verlieren,
den Faden verfolgen,
den Faden hindurch fädeln,
durch die Ösen und die Mutter,
den Stich, darunter stechen Schläge
die Nadel durch die Schenkel,
die Haut geheftet,
das Unten nach oben gekehrt
und an der Spindel gehalten,
mit Nadelfleiß die Blaustrümpfe,
die Zwickelsocke und Philomenas Zunge
fliegt am Rind vorbei,
in den Himmel hinauf,
wölbt sich auf Wolken.

SCHWARZE SCHMETTERLINGE
Im Heu der Vater, im Heu.
Die Blumen, im Heu.
Weiß gebündelt in Folien,
die Mördergrube im Tal.
Die Köpfe der Bilder,
die Bilder der Köpfe
baden im Heu, am Berg.
Kommt spielt mit,
den Kugeln werft die Bälle
der anderen
zu.

GIESS HEUTE die lichten Blütchen,
an ihren Wurzeln klebt erdiger Schlamm.
Sollten sie die Hälse recken, sähe man darauf herab,
säßen sie im dunklen Schatten, zählte man die Münzen,
um am Abend an den Gitterfenstern zu rütteln,
den Stahl zu biegen, um das Becken herum
einen Zähler anzulegen, am Maß der Zeit.

III

UND WENN DAS WASSER RINNT,
schaut man sich selbst ins Auge.
Man werfe die Nadeln an die Nasen,
das fallende Vieh,
beschließe es zu metzgen,
Milchopfer zu geben dem Wasser,
zu schauen, ob das Kind schwimmt
und wer die Ehe brach.
Ins Wassergemurmel werfen sich
gemeinsam die Eisen der Pferde.

SCHIEFERPLATTENWASSER sammelt sich,
grünweißes Wasser, das an den Platten festhängt,
dem der Berg die Wange hinhält, das Wasser klatsche daran,
der Sonnenbogen lege sich der Länge nach an die Hänge.
Die Tränen wecken den tapferen Mann,
der Schuppenzone, des Kristallins, der Gneise erinnert er sich.
Er geht durch die Kastanienröhre am Biberbrunnen, vorbei
am überdachten Stein, es wird holzig und rau.
Aus den Häusern laufen Hunde und Katzen,
etwas kitzelt das Kreuz auf dem Haus,
ein großer Fisch küsst einen kleinen.
Die Lichtlöcher am Bach neben dem Gartenschornstein dampfen und Stick- und Häkelfenster schließen sich,
wenn der Berg zuzieht und verbinden sich mit den Lichtlücken
in den Wolken, durchsetzen den Himmel.
Kleine Ziegengebeine liegen auf dem Spielplatz,
es grüßt sie eine rote Masche, die fiel aus den Gondeln.
Im Sommer. Hierher.

DER FLACHE SCHIMMER LIEGT NUR ÜBER TEILEN
und im Dunkel bleiben die Hinteren.
Feuchte Muschelgebilde hängen in den Fenstern.
Die Schwäne treffen den Abend unter dem
dunklen Licht, das sich in rotes Feuer auflöst.
Der harsche Fasan muss krähen und tippeln,
beide Zeiten treten sich auf die Füße als
der Bremszug reißt, nenn ich die Tage schon
vergangen, ohne den richtigen Gang einzulegen
komme ich diese Berge nicht hinauf und schiebe
zu den Hügeln den Strand, bevor die Wolken
ins Wasser sinken, hinter der kleinen Insel
die auf allen Bildern erscheint,
auch wenn die Bäume da im Wasser stehen.

Flaches Sandmeer,
es schieben sich Wellen ineinander, nicht darüber,
es bewegt sich kaum, rutscht mehr,
vorwärts, seitwärts, dehnt sich,
zieht sich wieder zusammen, lebt,
lebt an der Oberfläche, Luzides
Liquides, lebt sanft und wenig
spektakulär, lebt in Tönen, durch-
brochen von den Stegen, den Bojen,
dem Treiben der Fähren,
der Wind weht darüber, teilt die
Belebung auf.

DER KLANG DES SUNDS
Es sind die Fähren,
mit den kleinen Leuchten
kommen sie zwischen
den Häusern durch
die Inseln, auf denen wir sitzen
verbinden sie,
wenn sie jedesmal einen Faden
mitnähmen, den man spannte
über den Sund und zupfte,
dann erklängen über ihm
die Geschichten der Fähren,
der Klang der nicht zu Ende
gesungenen Kinderlieder,
sie knacken aus den Fensterläden,
den Zimmerbalken,
den Lampenschirmen,
der verlorenen Etage,
überall her
tönen die Stimmchen.

SIEH, sie trachten
auf Stiegen nach Wünschen.
Sieh, an den Hemden
bunte Kacheln sollen glitzern,
am Bachlauf,
die Klettertour bringt
fischige Weintrauben
und sechs Herzen
zum Vorschein,
sie verlieren sich.

BENIMMREGELN
Es schäumt und verschlägt ihn ans Meer.
Auf den Dünen liegen Konservierte.
Er schaut. Er schaut nach den Manieren.
Der glänzende Geist und die Manieren
passen nicht zusammen. Sie schaufeln
die Berge aus Sand, sie schaufeln und
werfen die Steine ins Meer. Sie schachten,
an den Enden der Steine der Glanz.
Im Wasser liegen Raffinerien im Muschelkalk,
leuchten über achtstöckige Häuser hinweg,
wälzen sich in den Krumen,
den kleineren Gesteinen.

NEBEL STEHEN ÜBER DEM WASSER,
gradlinig folgt der Fluss einer Spur.
Hier verwaschen sich die Hinterlassenschaften
vor dem Hintergrund
das Gelächter der Lauteren,
zwischen den Bäumen
im Streusalz und Sägemehl,
unter den Ästen, besonders dort,
neben den Hütten und hinter den
Häusern. Auf den weißen Garagen
und Türmen, den blassgelben Bäumen,
den Schutthalden,
den falben Pferden,
den Holzstapeln,
den alten Gleisanlagen,
auf den dampfenden, schwarzen Ackern
die lichtgrünen Spitzen der Büsche liegen
falsch in der Zeit, durch das Feld rasen
erste Schneeverwehungen, hellweiß
legt es sich in die Rillen,
die dämpfige Erde neben Frühgras
und abgestorbenen Gräsern, die welk
am Bahnhof warten.
Die Sonne erweicht die Schafweiden und
Forellenteiche bevor das
Weiß eintritt.

IV

HOLZBUND
Verschränkungen vor Orange und Beige,
es beobachtet das Maß am Bund,
gelb im Zentrum, in Zentimetern
die Moralität der Berge,
mit dem Anmachholz und
dem verwandten Stromknistern
überm Kopf, die Sonne
steht überm Knie.

BAUMBEIN
Blaurosa Wolken,
der Wind aus den Seen,
die ausgeleuchteten Wälder
aus zweibeinigen Bäumen,
doppelt schlagen sie aus.
Flecken im Schatten und in Tränen
die Sonne trägt der Berg,
hängt durch in den Mitten.

UND DER BERG WÄCHST
uns über den Kopf,
jeden Satz sage ich
rückwärts auf,
buchstabiere die Argumente
als wären es keine.
Ungekautes verschluckt
das Auge, weicht
zum Himmel auf
und übrig seid ihr und bleibt
mit den Geistern
in den dunklen Tagen,
im gelben Laub,
kurz bevor der Schnee
den Ton und den Blick
verdeckt.

Es klirrt
an hellen Felsen und
leuchtet dunkel zu Füßen
der Stein am Berg wacht.
Ein brutaler Rückzug
auf die Wiesen, leer gepflückt
und über die Felder gewandelt,
hoben wir Heu
aus den Feldern, schuberweise
das Hab und Gut bemäntelt der Regen
am Morgen, halt dich an den Rohren,
fest in den Griffen, Kopf voran liegt
die Nacht in der Tür, der Tisch
stirnwärts gedreht, der alleinige Grund
bin ich, weiß gequält an den Seufzern.
Die fleischige Dichte eines Satzes
beginnt mich zu stören.

STEIN AUF STEIN
puzzeln, setzen
Werte schätzen,
am Abend lief er aus
ohne Buden mit Bier,
wusch die Pflanzen hervor
unter den Abgüssen
und gefällten Schlüssen,
in der Unterstadt
blühen Tannenräume.

V

DAS KUGELKANINCHEN, daneben
ein Mädchen mit Sommersprossen,
hat kein Alter und fällt durch Generationen,
auf den blaubeinigen Bänken, katzenlos
in der Sonne zwischen hochwüchsigen Blumen
liegen nur die Kirschstengel auf dem Boden,
die pflückt sie auf. Zusammen.

Durch Bartfarben unterschieden
und durch veronesische Ringe an
einer lauten Fingerzeiggeste.
Unter dem Zwiebelturban des Einarmigen
ein Lid, es hebt linienlose Füllungen aus
Konkons, die weißen Babylarven,
bleiben gesichtslos im Destimal
neben dem gehefteten Fuß.
Honi soit.

IN DER MITTE sind ihre Augen farbengleich,
im Blicken liegt der Versuch zu gewinnen.
Es fährt durch eines hindurch,
sie halten ihnen stand, ein Sichten
der Launen trifft die Katzen,
den Unmut tun sie kund.
Die Handlung wird Berührung, es dreht sich
der Sinn und mündet in der Struktur dahinter,
die Balance zwischen Blicken und Tasten
bewegt sich am blinden Fleck entlang,
da steht es und denkt, es sähe alles klar
und berührte nur sich, bis die Hand landet
ohne Verstehen oder Grauen,
in die leere Zelle schaut es nicht,
kreist vielmehr um Klischees,
im Urteilen hängt es fest, bis es beginnt
zu fühlen, worum es ging
bei diesen bindenden Gliedern,
diesen falschen Schritten,
den Einschusswunden,
den Mauern,
den schwarzen Anzügen.

Du bist die Muse aus meinem früheren Leben,
ich rufe dich, wenn ich dich brauche,
meist brauche ich dich nicht,
früher saßt du auf dem Stuhl
und ich sah dich an, ließ dich
sprechen, brachte dir Tee und Kekse,
damit du bliebst und ich mich
an deinem Bild befruchtete,
mit den ersten Spitzen des Tees,
mit den ersten kleinen Schlucken,
mit dem taxidermischen Gefühl
für deine haltbare Haut,
die starr war und
ist.

Ein Gruss wandelt zu ihr
wirft sich vor die Füße und sucht nach
ähnlichem oder anderem Gebaren.
Es kommt von der Ecke zu dir,
verlangt die Kleinigkeit, nicht die Größe,
nicht die großen Ideen oder die aufwendigen.
Verlangt die Kleinigkeit einer Wiedergabe
oder den Gedanken daran.
Als ob im Kleinen sich wiederfinden ließe,
was im Großen verdeckt blieb.
Als ob im Kleinen alles ähnlich sei und
dadurch wieder gegeben, wieder und wieder gegeben
und wiederholt von einem zum anderen.
Nachgesagt wurden die Orte der Ideen,
nachgesagt die durcheinandergeratenen Worte.
Es begann mit dem Ende.
Von vorne.

TÖNE IN VIOLETTEM SCHATTEN
Sie drehen Runden in den Hinterhöfen der Städte,
wandeln in Haufen aus Metall und Müll,
denken an die Berge, an den grünen Fluss,
unseren Atem in den Nächten im Norden,
sprechen es leise aus, von den Lippen lesend
die Töne in violetten Schatten verstecken sie
das wahre Gewissen und schaukeln sanft die Käfer,
im Gebüsch schlafen die schwarzen Hunde,
die Wärme einer Berührung juckt am Kopf,
in die weiten Ärmel der Gewässer schlüpfen sie,
glauben daran, dass der Verlust in Gewohnheit
ein Gewinnen bringt, den Preis der Ruhe,
an den Steinquellen, den Wiegen und Weiden.
Durch die Bretter der Brücke schauen sie,
stürzen mit der Angel hinab, der Fall vom Vortag,
lassen schlafen ihren Nächsten, sie schauen ihm
über die Schulter an in der Kathedrale, im Turm
steigen sie hinauf ohne die Blicke der gefangenen Vögel
in den Gittern, die Fenster sind offen und hinüber blickt
auf den Strom der Fels, die Drachen, das Glas, die Glocken.
Am Morgen brechen sie auf, läuten in den Käfigen,
flattern wütend auf, Federn fallen aus dem Mund,
nicht dass sie ihn laben, sie verweigern sich ganz und gar.

IN DEN GLASKÄSTEN und Schlafzimmern der Favoritin
ruhen die Hemden mit den Schriften unter Händen
anderer Frauen, zwischen schwarzen Steinen
liegt heller Gesang an Omars Schwert,
die Mutter der Perlen, schmiegt sich an
den Hals einer Beischläferin, deren Kopfkissen-
buch zerrissen im Bosporus landete.

DIE SEELE ALS HELLBLAUER WINKEL,
der Vater des Dämons krallt ins Tuch die Hand,
den Sohn im jähen Zorn erschlagen, siecht
vor sich hin und sitzt in starrer Reue da,
mit sturem Zorn drückt er die grüne Spitze,
das Kreuz verrutscht in den Talg unter
den Wirklichkeiten seines Vergehens,
da greift er hinein mit der Hand,
das Kaliber im Rücken den Wickel,
das Kind unter der Sonne geboren,
bleichgrün nun im Stroh,
auf dem Gewissen seine Seele
und er.

VERKAUF DER MERKMALE
Im allgemeinen Mitspracherecht
vertreiben sie es selbst,
bauen Regeln auf sich und
aller Glaube basiert auf Gesehenem.
Veränderung führt zum Stillstand
ohne Transmission (oder die Kriteria),
es wächst wurzellos zurück in den Grund,
vermischt sich mit den Stimmen
zum Rauschen und murmelt sich
am Komma vorbei zur Aufmerksamkeit,
der politischen Währung.

WER BESINGT SCHADHAFT
die Tage und das Nächste,
rettet ihren Rhythmus dabei,
nicht um die Rosen zu erhören
oder den Dingen ihre Töne
vielmehr zuzugestehen, zu sehen?
Am Vergessen prägen sie
ihre Zeichen und rufen
mit Stacheln zum Geläut
auf, unter die Menschen
möge es kommen,
das Beerenreifen.

DIE RELEVANZ
im Zeitalter der Prekarität,
der Schwanz ringt sie zu Boden,
ausgeschlossen wird alles, was zählen könnte.
Die Zahlen und die Scheine
sind Wegfall und Welle
oder Urteil und Zensur,
sie suchen das Weite und
streben an die ungefilterte Masse,
den Mahlstrom und die Sonderzeichen.
Nicht mehr heller erscheint wie sie geschaffen
werden und woher sie kommen,
die Fülle entscheidet aus dem Bauchfett.

KLATSCH auf Al Jazeera vorne über geschrien,
Lippenschaum speie ich trauervoll ins Licht.
Die Litze liegt an der falschen Stelle,
nicht dort, wo ich aufhörte zu lesen,
sprechen Worte im Unwetter,
sie klatschen gegen Wände und
Hagel wusch Beulen in die Erde.
Leitlinien verfolgen die Stimmstrecke
und verkehren mit den Domestiken,
Ohren lauschen sich durch
Störungen, brechen Krusten ab,
kleckern Blut über die Nerven,
lassen sacken, wiegen die Schwere,
tasten das Fremde hinein, hoch und herunter,
rutschen und entgleiten dem Satz und
schlängeln sich ins Abseitige.

VI

IM UMRAUM verschwinden die Segel, die Sphären,
die Brücken hinter den Flügeln erkennt nicht mehr
der Regen strebt aus den Tälern, den Feldern und legt

den Herbst herein ins Labyrinth der schmalen Wege.
Verloren geht ein Gesicht in den vorliegenden Ländern,
aus dem Bild löst sich der Hals und reckt sich,

im Brunnen unter der Stube surrt die Stimme des Kanals,
den Rücken zum Tal wächst der Tag über sich hinaus
in den Abend und lächelt dem Klang der Stunden hinterher.

Die Stimme schliff über den Boden am Mund vorbei
entglitt den Gleisen und schloss nicht den Spalt,
durch den quetschte sie mit Gewalt einen Ton.

Die Gärten hatten rote Wände und weite Ohren,
der Wein war voll Wissen und im Krug saß die Frau,
aufgedunsen erlitt sie den Hall des kommenden Sommers.

Das Werk war im Wagen, lag hinten, im Fall
fuhren sie mit den Zehen einander über den Mund,
lächelten lippenlos und kopffremd sich zu.

WOLKENPALIMPSESTE über Wellblech
eine doppelte Lage Eierschalenfarbe,

dem Schreber reicht es die Hand
verwirft sie über kettenlangen Straßen

ins Warzenkraut und der Silberling
lockt die Talländler von den Hügeln,

der Transport treibt die Schnucken
auf den Kies durch fleckenhafte Flüsse,

das Wehen und Traumleuchten lockt
fliegende Vieraugenfalter ins Haus.

WER DU AUCH SEIEST, du rannst mit dem Regen,
fielst mit dem Baum und gingst schwanger mit Gift.

Wie du auch fielst, der Klang deiner Worte brach Wolken,
versetzte Berge und hinterließ einen roten Flecken Blut.

Was du auch tust, du sprachst von etwas anderem nur,
als vom Fallen und belebtest das Jahr, Stunde um Stunde.

DIE FAUST IN DEN MOLOCH geführt
pressen die Knöchel einen Wirbel,
schieben sich vorwärts zum Magenmund
vorbei an der Nebenniere.

Es klacken die Blätter am Sonnensee,
es liest gegen die Glocken an,
hört einäugig zu und sucht trivial
die goldenen Knötchen im Fisch,

den Glanz unter den Schuppen,
die roten Backen (*rubicon, rubicon*)
wackelnd finden sie sich auf den Hüften.
auf verschobenen Hütten.

Am Taubenfenster nisten kleine,
sportliche Federn für Bälle, da,
die getreten am Kinn kleben bleiben,
sobald sie sehen, ein Zoll war

zu entrichten, denn besser
als Gold zumal, ist Stein-
erweichen und über die Ufer
treten, die Kriege dann.

Eine Sphinx aus steirischem Holz
geschnitzt von wundersamer Kalmückenhand
verspricht mit Rettungsgeflacker ein äußeres Inland.

Im weingefangenen Haus liegen unbegrabene Hunde,
auf ein unglückliches Heft schreiben farblose Hände,

das weibliche kleine Du, das wir lieben dürfen,
sie nennen es *Tamam Shud*, diese Jungrassen.

DAS URFLIESSEN DER VOKALE morgens am hellen Ohr
fallen die marmorierten Weichstoffzylinder hinaus und
draußen säht sie der Regen, es nimmt den Samen auf
die Erde, die Wechselwelten von der Quelle gewässerte
Wortflächen, Felder der Überbetonung an Stanzen und
Bergengrün vor dem Haubenfächeln der starrsinnigen
Sprachwächter zucken sie katzengleich zusammen und
schweigen, anstatt einen faserig, federnden Ton zu tun.

Beordert das Schweißen und Schneiden zu betexten,
unter einem Kreuzblick vor dem Strickbrett der Ahnen
angeln im Zuglicht einen Fang Zeichenhaftes hinzu,
die schönen grünen, roten Steine, der Weiße
wurfbereit aufs Schädeldenkmal mit einem Raben.
An der hinteren Ritze rollen die Hunde sich zusammen,
zerbrechlicher Cerberus weckt sie nicht auf, gleitet
an den Rillen der Sprache in den grauen Tunnel hinab.

Inhalt

I
Das Buch hat Recht · 7
Brüten · 8
Mulch · 9
Auf Bruchhöhe · 10
Am Glanz zerrieben · 11
Schwarz durchs Tal · 12
Die Handflächen · 13
Kästchen an Kästchen · 14
In der Hütte · 15
Im Außenraum sitzen · 16
Kritische Wände I · 17
Kritische Wände II · 18
Gespräch zwischen einer Tür und dem Raum · 19

II
Untergehakt · 23
Mit der Liebe zu den Nelken · 24
Elfisch bellt sie am Tisch · 25
Blaublick · 26
Geschenkte · 27
Auf dem Busen sitzt der Alb · 28
Gescheitelt · 29
Längen · 30
Schwarze Schmetterlinge · 31
Gieß heute · 32

III
Und wenn das Wasser rinnt, · 35
Schieferplattenwasser · 36
Der flache Schimmer liegt nur über Teilen · 37
Flaches Sandmeer · 38
Der Klang des Sunds · 39
Sieh · 40
Benimmregeln · 41
Nebel stehen über dem Wasser · 42

IV
Holzbund · 45
Baumbein · 46
Und der Berg wächst · 47
Es klirrt · 48
Stein auf Stein · 49

V
Das Kugelkaninchen · 53
Durch Bartfarben unterschieden · 54
In der Mitte · 55
Du bist die Muse aus meinem früheren Leben · 56
Ein Gruß wandelt zu ihr · 57
Töne in violettem Schatten · 58
In den Glaskästen · 59
Die Seele als hellblauer Winkel, · 60
Verkauf der Merkmale · 61
Wer besingt schadhaft · 62
Die Relevanz · 63
Klatsch · 64

VI
Im Umraum · 67
Die Stimme schliff · 68
Wolkenpalimpseste · 69
Wer du auch seiest · 70
Die Faust in den Moloch · 71
Eine Sphinx aus steirischem Holz · 72
Das Urfließen der Vokale · 73